致敬

德克·诺维茨基

管超 编著

典藏版

ZB 妙笔巨献

DALLAS

北京时代华文书局

目录

1522

场常规赛、31560分、916场常规赛胜利、一个常规赛MVP、一个总决赛MVP、一个总冠军。

这是德克·诺维茨基留给达拉斯这座城市的不朽记忆。41号德国战车在狂野西部奔驰21年之后，在41岁的年龄宣告"熄火"。蔓延二十一载的车辙，描绘了一段让后人仰望的传奇故事。

这个故事中有年少成名的意气风发，有功亏一篑的忧郁苦闷，有跌入低谷的泥泞挫败，也有终迎辉煌的得偿所愿。

福楼拜曾经说过："人的一生中，最光辉的一天并非功成名就的那天，而是从悲叹与绝望中产生对人生的挑战，以勇敢迈向意志的那天。"之于诺维茨基的传奇生涯而言，这句话再合适不过。

2011年书写不朽篇章挑落三巨头，为达拉斯带回梦寐以求的奥布莱恩杯，固然是诺维茨基生涯最值得称道的"功成名就"的一天。但回溯21年的牛仔生涯，诺维茨基最值得大书特书的，是他犹如一个不屈的攀登者，一次次的冲击最高峰，无惧残酷的命运和无情的失利，二十一年如一日的

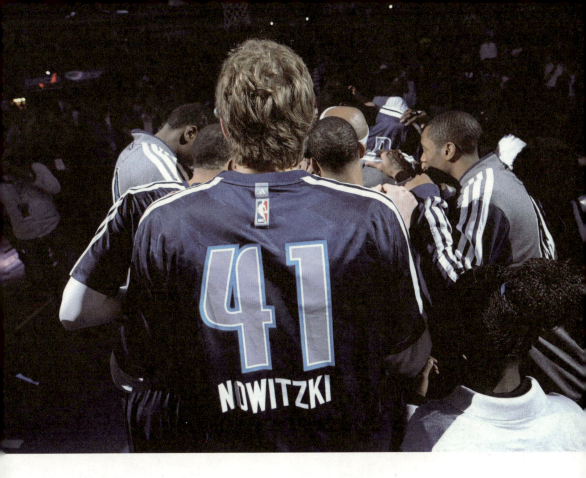

肆意迸发自己的能量，直至站立在万丈高峰，一览众山小。

诺维茨基与达拉斯的故事，缘起于1998年NBA选秀，被雄鹿队选中、被小牛队（本书中达拉斯独行侠队改名前统一叫达拉斯小牛队）以交易的方式得到，这位略显消瘦的德国大个子，开启自己的"牛仔生涯"。

在生涯早期，诺维茨基并没有立刻取得成功，或者说在相当长的一个阶段里，以冠军的视角去衡量，残酷的失败都是伴随着他生涯的主旋律。但小牛队收获一个逐渐成为联盟顶级球星的大个子，他华丽的技巧、让人如痴如醉的跳投，重新定义大前锋的比赛风格，此时的诺维茨基可谓年少成名、意气风发。

直至2006年，诺维茨基和他的球队，第一次有了触碰奥布莱恩杯的机会，但诺维茨基却搞砸了。

2006年总决赛2-0领先遭遇热火队逆转，成为韦德史诗一冠的背景板。翌年常规赛高歌猛进却遭遇老尼尔森反戈一击，带着"被黑八"的耻辱领取MVP奖杯。一时间质疑声四起，这位以投篮见长的欧洲大个子，被

贴上"软蛋"的标签。

接近冠军却遭遇大逆转，卷土重来又被耻辱性地淘汰，拼尽全力仍遭漫天质疑，这些足以摧毁一个人的打击，好似命运跟诺维茨基开的一个玩笑。功亏一篑带来的遗憾，比远离冠军更让人感到苦闷。

随后的岁月里，诺维茨基和小牛队依旧无法摆脱失利的阴影，老天爷将所有的泥泞和挫折一起摆在这位德国人的面前，遭遇马刺队的"黑七"出局之后，诺维茨基迎来生涯的又一次重击。从2006年到2010年，诺维茨基的生涯急转直下，将其定义为诺维茨基的生涯最低谷毫不为过，这段泥泞挫败的岁月里，诺维茨基一直在找寻黑暗中的那束光。

如果诺维茨基的故事在此处戛然而止，那不过是一个天赋异禀的奇才求而不得的遗憾章节。但沉稳却又坚韧的德国战车，断然不会向命运低头。尽管一次次遭遇毁天灭地的打击，尽管在接近顶峰之后又要从头再来，但诺维茨基没有被击倒，传奇也因此是传奇。

2011年，在一次次的冲击、一次次的失败之后，诺维茨基终于用自己不屈的意志，干掉了不愿青睐他的命运，尽管站在他对面的是不可一世的热火队三巨头。尽管他在总决赛中一度高烧，还因为咳嗽被对手嘲笑，但当故事走向终结，这一切不过都是诺维茨基伟大生涯的注脚而已，亦如他过去13年所遭遇的无数次的挫败和打击。13年不遗余力地追逐，诺维茨基终于得偿所愿，那道光终于照进了诺维茨基的生涯。

随后的岁月里，虽然未能再收获冠军，但一人一城的坚持、二十一年如一日的赤诚之心让他成为达拉斯的图腾。当库班含泪送别，并坚定地表示会延续他交给达拉斯的一切时，达拉斯和诺维茨基的故事似乎走向终结。

若是诺维茨基的故事在此处戛然而止，之于达拉斯而言，将是一段绵延21年的不朽记忆，将是一个欧洲天才奉献全部生涯的不朽篇章，将是一个从天才到软蛋再到胜利者的波澜壮阔的传奇故事。

但天意似乎想让21年这个数字延续下去——在诺维茨基生涯的暮年，他们又送给达拉斯人一位欧洲天才，又一段传奇正在酝酿。卢卡·东契奇，来到达拉斯。

独行侠队得到东契奇的方式，与得到诺维茨基如出一辙，被别队选中、被交易至达拉斯。同样的天赋异禀、同样的温文尔雅、同样的充满技巧的欧洲球员，你很难不去将东契奇和诺维茨基联想到一起。

两人携手一年之后，诺维茨基就将已经燃烧了21年的火炬传到自己的小兄弟手中，一起传递的还有他在21年岁月中为达拉斯这座城市付出的一切。接过沉甸甸的火炬，东契奇能将传奇延续吗？

之于东契奇而言，冠军必然是达拉斯最美好的期待。但正如诺维茨基生涯的传奇经历一般，冠军并不是东契奇唯一需要追逐的。诺维茨基之所以为诺维茨基，并不全因为2011年的奥布莱恩杯，更因为在过去21年中，他一直都是那个让人肃然起敬的城市英雄、球队图腾。

当东契奇回溯这位前辈的职业生涯时，他更应该看到的是他二十一年如一日的坚持，是他在泥泞沼泽中奋力前进的不朽意志，是他将整个球队扛在肩上奋力前行的不灭斗志。

相较于诺维茨基，东契奇生涯的起点无疑更高。18岁横扫欧洲大陆，捧起欧锦赛冠军。西甲、欧冠罕有敌手，以天才的姿态加盟达拉斯独行侠队。生涯第二年就进入MVP评选前四，迈入联盟顶级巨星的行列。这些，都是昔日的诺维茨基不曾做到的。

然而没有任何道路是一帆风顺的，强人如林的NBA中，天生赢家东契奇在生涯前两个赛季就品尝到失利的苦涩。在这个全世界仅有450人能生存的篮球殿堂中，东契奇需要去适应、习惯和改变的事情还有很多。

他不可能一直赢下去，他需要像诺维茨基一样，在失利中仍然能迸发能量不断前行；他也不可能一蹴而就捧回金杯，他需要像诺维茨基一样，忘却失败的曾经再度奋勇向前。

NBA联盟从来不缺乏天赋异禀的天才，也同样不缺乏伤仲永的故事。正因如此，诺维茨基这样不懈努力兑现天赋，直至最终收获成功的故事，才更为可贵。

东契奇回望着清晰可见的21年的车辙，开启自己的牛仔生涯。这段生涯能否成为传奇，只能靠他自己书写。手握跟随诺维茨基燃烧了21年的火炬，他在无数期望中坚定前行。

达拉斯图腾

一人
一城

　　如今的NBA联盟早已经变成一个商业世界，当下"兄弟篮球"成为追逐总冠军的一条捷径，但还有一些人依然择一城而终老，他们成为忠诚的代表，他们成为城市的英雄，他们成为球队的图腾……诺维茨基与达拉斯便成就了这番美好，在效力达拉斯小牛队长达21年之后，诺维茨基创造历史，他成为NBA历史上第一个效力单一球队达21年的球员。

　　除诺维茨基外，邓肯、科比、姚明、雷吉·米勒、斯托克顿、哈斯勒姆、大卫·罗宾逊、"魔术师"约翰逊等人同样是择一城而终老的代表。

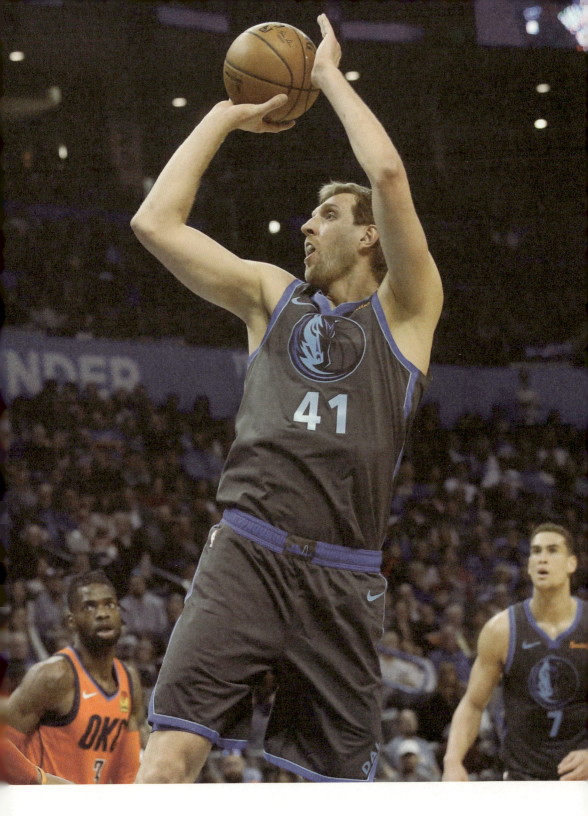

诺维茨基NBA常规赛数据

赛季	出场	首发	场均时间	总时间	投篮	场均命中	总命中	场均出手	总出手	三分	场均命中	总命中
2018-2019	51	20	15.6	794	35.90%	2.6	135	7.4	376	31.20%	1.3	64
2017-2018	77	77	24.7	1900	45.60%	4.5	346	9.8	758	40.90%	1.8	138
2016-2017	54	54	26.3	1421	43.70%	5.5	296	12.6	678	37.80%	1.5	79
2015-2016	75	75	31.5	2362	44.80%	6.6	498	14.8	1112	36.80%	1.7	126
2014-2015	77	77	29.7	2285	45.90%	6.3	487	13.8	1062	38.00%	1.4	104
2013-2014	80	80	32.8	2625	49.70%	7.9	633	15.9	1273	39.80%	1.6	131
2012-2013	53	47	31.4	1662	47.10%	6.5	343	13.7	728	41.40%	1.2	65
2011-2012	62	62	33.5	2078	45.70%	7.6	473	16.7	1034	36.80%	1.3	78
2010-2011	73	73	34.3	2504	51.70%	8.4	610	16.2	1179	39.30%	0.9	66
2009-2010	81	80	37.5	3039	48.10%	8.9	720	18.5	1496	42.10%	0.6	51
2008-2009	81	81	37.7	3050	47.90%	9.6	774	20	1616	35.90%	0.8	61
2007-2008	77	77	36	2769	47.90%	8.2	630	17.1	1314	35.90%	1	79
2006-2007	78	78	36.2	2821	50.20%	8.6	673	17.2	1341	41.60%	0.9	72
2005-2006	81	81	38.1	3089	48.00%	9.3	751	19.3	1564	40.60%	1.4	110
2004-2005	78	78	38.7	3020	45.90%	8.5	663	18.5	1445	39.90%	1.2	91
2003-2004	77	77	37.9	2915	46.20%	7.9	605	17	1310	34.10%	1.3	99
2002-2003	80	80	39	3117	46.30%	8.6	690	18.6	1489	37.90%	1.9	148
2001-2002	76	76	38	2891	47.70%	7.9	600	16.6	1258	39.70%	1.8	139
2000-2001	82	82	38.1	3125	47.40%	7.2	591	15.2	1247	38.70%	1.8	151
1999-2000	82	81	35.8	2938	46.10%	6.3	515	13.6	1118	37.90%	1.4	116
1998-1999	47	24	20.4	958	40.50%	2.9	136	7.1	336	20.60%	0.3	14
生涯数据	1522	1460	33.7	51363	47.10%	7.3	11169	15.6	23734	38.00%	1.3	1982

罚球命中率	场均篮板	总篮板	场均助攻	总助攻	场均抢断	总抢断	场均盖帽	总盖帽	场均得分	总得分	胜	负	常规赛名次
78.00%	3.1	158	0.7	35	0.2	9	0.4	18	7.3	373	17	34	西部第14名
89.80%	5.7	438	1.6	120	0.6	43	0.6	45	12	927	24	53	西部第13名
87.50%	6.5	353	1.5	82	0.6	30	0.7	38	14.2	769	23	31	西部第11名
89.30%	6.5	489	1.8	132	0.7	52	0.7	52	18.3	1372	38	37	西部第6名
88.20%	5.9	457	1.9	143	0.5	39	0.4	33	17.3	1333	47	30	西部第7名
89.90%	6.2	498	2.7	216	0.9	73	0.6	45	21.7	1735	48	32	西部第8名
86.00%	6.8	363	2.5	132	0.7	38	0.7	37	17.3	917	28	25	西部第10名
89.60%	6.7	418	2.2	136	0.7	42	0.5	30	21.6	1342	33	29	西部第7名
89.20%	7	513	2.6	190	0.5	38	0.6	47	23	1681	55	18	西部第3名
91.50%	7.7	620	2.7	218	0.9	70	1	79	25	2027	54	27	西部第2名
89.00%	8.4	681	2.4	197	0.8	61	0.8	63	25.9	2094	49	32	西部第6名
87.90%	8.6	659	3.5	266	0.7	51	0.9	71	23.6	1817	49	28	西部第7名
90.40%	8.9	693	3.4	263	0.7	52	0.9	62	24.6	1916	64	14	西部第1名
90.10%	9	728	2.8	226	0.7	58	1	83	26.6	2151	60	21	西部第2名
86.90%	9.7	757	3.1	240	1.2	97	1.5	119	26.1	2032	56	22	西部第3名
87.70%	8.7	670	2.7	207	1.2	92	1.4	104	21.8	1680	49	28	西部第5名
88.10%	9.9	791	3	239	1.4	111	1	82	25.1	2011	59	21	西部第3名
85.30%	9.9	755	2.4	186	1.1	83	1	77	23.4	1779	53	23	西部第4名
83.80%	9.2	754	2.1	173	1	79	1.2	101	21.8	1784	53	29	西部第4名
83.00%	6.5	532	2.5	203	0.8	63	0.8	68	17.5	1435	40	42	西部第9名
77.30%	3.4	162	1	47	0.6	29	0.6	27	8.2	385	17	30	西部第11名
87.90%	7.5	11489	2.4	3651	0.8	1210	0.8	1281	20.7	31560	916	606	

季后赛数据

赛季	出场	首发	场均时间	总时间	投篮命中率	场均命中	总命中	场均出手	总出手	三分	场均命中	总命中	罚球
2015-2016	5	5	34.2	171	49.40%	8.2	41	16.6	83	36.40%	0.8	4	94.10%
2014-2015	5	5	36.2	181	45.20%	7.6	38	16.8	84	23.50%	0.8	4	92.90%
2013-2014	7	7	37.6	263	42.90%	7.7	54	18	126	8.30%	0.1	1	80.60%
2011-2012	4	4	38	152	44.20%	8.5	34	19.3	77	16.70%	0.3	1	90.50%
2010-2011	21	21	39.3	826	48.50%	9.1	192	18.9	396	46.00%	1.1	23	94.10%
2009-2010	6	6	38.8	233	54.70%	9.7	58	17.7	106	57.10%	0.7	4	95.20%
2008-2009	10	10	39.4	394	51.80%	8.8	88	17	170	28.60%	0.6	6	92.50%
2007-2008	5	5	42.2	211	47.30%	8.6	43	18.2	91	33.30%	1.2	6	80.80%
2006-2007	6	6	39.8	239	38.30%	6	36	15.7	94	21.10%	0.7	4	84.00%
2005-2006	23	23	42.7	983	46.80%	8.5	196	18.2	419	34.30%	1	23	89.50%
2004-2005	13	13	42.4	551	40.20%	7.9	103	19.7	256	33.30%	0.8	10	82.90%
2003-2004	5	5	42.4	212	45.00%	9	45	20	100	46.70%	1.4	7	85.70%
2002-2003	17	17	42.5	722	47.90%	8.8	150	18.4	313	44.30%	1.6	27	91.20%
2001-2002	8	8	44.6	357	44.50%	9.1	73	20.5	164	57.10%	2	16	87.80%
2000-2001	10	10	39.9	399	42.30%	6.9	69	16.3	163	28.30%	1.3	13	88.30%
生涯数据	145	145	40.6	5894	46.20%	8.4	1220	18.2	2642	36.50%	1	149	89.20%

赛季	场均篮板	总篮板	场均助攻	总助攻	场均抢断	总抢断	场均盖帽	总盖帽	场均得分	总得分	胜	负	季后赛名次
2015-2016	4.8	24	1.6	8	0.4	2	0.6	3	20.4	102	1	4	西部首轮
2014-2015	10.4	52	2.4	12	0.4	2	0.4	2	21.2	106	1	4	西部首轮
2013-2014	8	56	1.6	11	0.9	6	0.9	6	19.1	134	3	4	西部首轮
2011-2012	6.3	25	1.8	7	0.8	3	0	0	26.8	107	0	4	西部首轮
2010-2011	8.1	171	2.5	53	0.6	12	0.6	13	27.7	582	16	5	总冠军
2009-2010	8.2	49	3	18	0.8	5	0.7	4	26.7	160	2	4	西部首轮
2008-2009	10.1	101	3.1	31	0.9	9	0.8	8	26.8	268	5	5	西部次轮
2007-2008	12	60	4	20	0.2	1	1.4	7	26.8	134	1	4	西部首轮
2006-2007	11.3	68	2.3	14	1.8	11	1.3	8	19.7	118	2	4	西部首轮
2005-2006	11.7	268	2.9	67	1.1	25	0.6	14	27	620	14	9	西部冠军
2004-2005	10.1	131	3.3	43	1.4	18	1.6	21	23.7	308	6	7	西部次轮
2003-2004	11.8	59	1.4	7	1.4	7	2.6	13	26.6	133	1	4	西部首轮
2002-2003	11.5	196	2.2	37	1.2	21	0.9	16	25.3	430	9	8	西部决赛
2001-2002	13.1	105	2.3	18	2	16	0.8	6	28.4	227	4	4	西部次轮
2000-2001	8.1	81	1.4	14	1.1	11	0.8	8	23.4	234	4	6	西部次轮
生涯数据	10	1446	2.5	360	1	149	0.9	129	25.3	3663	69	76	

31560分

北京时间2017年3月8日，达拉斯小牛队在主场迎战洛杉矶湖人队，比赛进行到第二节末，诺维茨基接到老队友德文·哈里斯的传球，转身金鸡独立后仰跳投稳稳命中！一个标志性的投篮得分，诺维茨基职业生涯总得分超过30000分，成为NBA历史上第六位30000分先生。21年NBA职业生涯，诺维茨基总得分共计31560分，位列NBA历史上总得分榜第六位。

1999年2月5日，在与西雅图超音速队的比赛中，诺维茨基5投0中，依靠罚球拿下NBA职业生涯第一分。

2000年1月10日，在与波特兰开拓者队的比赛中，诺维茨基贡献19分，生涯总得分迈过1000分大关。

2005年1月18日，在137-120大胜阿里纳斯领衔的奇才队的比赛中，比赛开始不到5分钟，杰森·特里传球助攻，诺维茨基稳稳命中，迎来生涯总得分10000分里程碑。

2010年1月13日，对阵湖人队，诺维茨基22次出手投进11球，贡献30分16个篮板，本场比赛，在科比的见证下，诺维茨基生涯总得分超过20000分。

2017年3月7日，又是湖人队，诺维茨基一记金鸡独立后仰跳投命中，正式踏入30000分俱乐部。

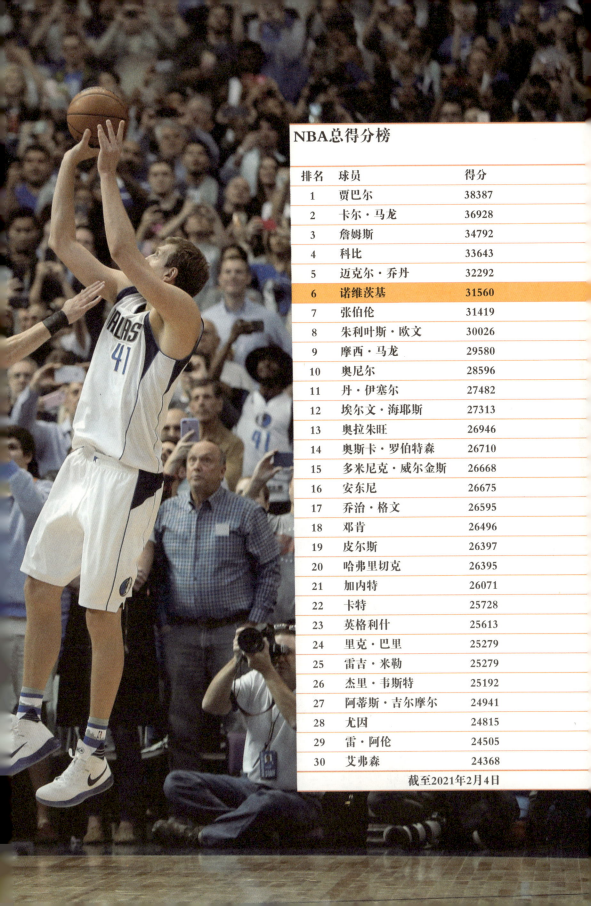

NBA总得分榜

排名	球员	得分
1	贾巴尔	38387
2	卡尔·马龙	36928
3	詹姆斯	34792
4	科比	33643
5	迈克尔·乔丹	32292
6	诺维茨基	31560
7	张伯伦	31419
8	朱利叶斯·欧文	30026
9	摩西·马龙	29580
10	奥尼尔	28596
11	丹·伊塞尔	27482
12	埃尔文·海耶斯	27313
13	奥拉朱旺	26946
14	奥斯卡·罗伯特森	26710
15	多米尼克·威尔金斯	26668
16	安东尼	26675
17	乔治·格文	26595
18	邓肯	26496
19	皮尔斯	26397
20	哈弗里切克	26395
21	加内特	26071
22	卡特	25728
23	英格利什	25613
24	里克·巴里	25279
25	雷吉·米勒	25279
26	杰里·韦斯特	25192
27	阿蒂斯·吉尔摩尔	24941
28	尤因	24815
29	雷·阿伦	24505
30	艾弗森	24368

截至2021年2月4日

单核夺冠

2010-2011赛季季后赛西部首轮，达拉斯小牛队以4-2艰难战胜阿尔德里奇、罗伊领衔的开拓者队，而西部半决赛，小牛队却以4-0横扫卫冕冠军湖人队。西部决赛中，拥有杜兰特、威斯布鲁克、哈登的雷霆队没有制造太多阻力，小牛队以4-1轻松取胜。

总决赛小牛队遭遇老对手迈阿密热火队，2005-2006赛季总决赛小牛队在2-0领先的情况下，遭热火队逆转，无缘当年NBA总冠军。此次，诺维茨基单核挑战热火三巨头并不被看好，毕竟热火队拥有詹姆斯、韦德、波什三大超级巨星。总决赛开打之后，热火队2-1取得领先，占据夺冠先机，但是诺维茨基带领小牛队绝地反击，连赢三场，最终小牛队以4-2战胜热火队，队史第一次夺得NBA总冠军，诺维茨基也终于迎来生涯首个总冠军奖杯。

诺维茨基几乎以一己之力战胜巅峰时期的詹姆斯、韦德和波什，成为NBA历史上单核夺冠的典范。

总决赛MVP

　　2011年NBA总决赛这个系列赛足以载入NBA史册，因为诺维茨基在1-2不利的局面下，连扳三局最终夺冠，而诺维茨基战胜的对手堪称NBA历史级别的三人组，他们就是詹姆斯、韦德、波什组成的热火三巨头。值得一提的是，在之后两个赛季，热火三巨头连续两年获得NBA总冠军。

　　总决赛第二场比赛，当比赛还剩6分钟时，小牛队落后15分，暂停期间，詹姆斯、韦德已经提前庆祝胜利。暂停回来之后，诺维茨基带队发起反击，终场前3.2秒小牛队已经把分差追平。决胜时刻，诺维茨基背身单打波什，上篮完成绝杀。

　　第四场比赛，诺维茨基感冒发烧，胜利天平似乎已经向热火队倾斜，但是"诺天王"抱病出战，重演乔丹"高烧之战"的神迹，砍下21分11个篮板惊险取胜。随后小牛队势如破竹，又取得两场胜利，以4-2的比分逆转热火队夺得总冠军，诺维茨基单核带队，战胜不可一世的热火三巨头，圆梦总冠军！同时，诺维茨基场均26分9.7个篮板2次助攻，获得总决赛最有价值球员（FMVP）的称号。

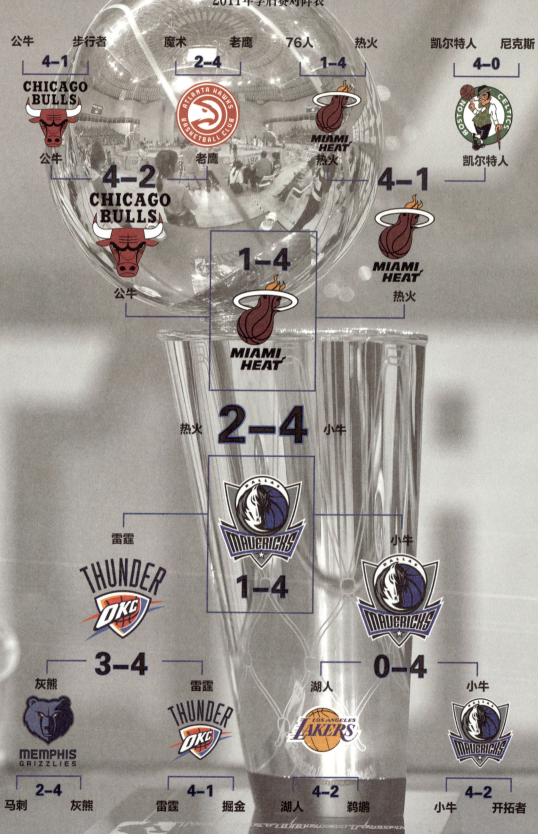

2011年季后赛对阵表

公牛　　步行者　　　魔术　　老鹰　　　76人　　热火　　　凯尔特人　尼克斯
4-1　　　　　　2-4　　　　　　1-4　　　　　　4-0

公牛　　　　　　　老鹰　　　　　热火　　　　　　凯尔特人
4-2
CHICAGO BULLS

4-1
MIAMI HEAT

1-4
公牛　　　　　　　　　　　　　　热火

热火　　2-4　　小牛

雷霆　　　　　　　　　　小牛

1-4

3-4　　　　　　　　　　　0-4

灰熊　　　　雷霆　　　　　　湖人　　　　　小牛

2-4　　　　　4-1　　　　　4-2　　　　　4-2
马刺　　灰熊　　雷霆　　掘金　　湖人　　鹈鹕　　小牛　　开拓者

历届总冠军、FMVP

赛季	总冠军	FMVP	赛季	总冠军	FMVP
2019-2020	洛杉矶湖人	詹姆斯	1982-1983	费城76人	摩西·马龙
2018-2019	多伦多猛龙	莱昂纳德	1981-1982	洛杉矶湖人	埃尔文·约翰逊
2017-2018	金州勇士	杜兰特	1980-1981	波士顿凯尔特人	麦克斯维尔
2016-2017	金州勇士	杜兰特	1979-1980	洛杉矶湖人	埃尔文·约翰逊
2015-2016	克利夫兰骑士	詹姆斯	1978-1979	西雅图超音速	丹尼斯·约翰逊
2014-2015	金州勇士	伊格达拉	1977-1978	华盛顿子弹	韦斯·昂塞尔德
2013-2014	圣安东尼奥马刺	莱昂纳德	1976-1977	波特兰开拓者	比尔·沃尔顿
2012-2013	迈阿密热火	詹姆斯	1975-1976	波士顿凯尔特人	乔·乔·怀特
2011-2012	迈阿密热火	詹姆斯	1974-1975	金州勇士	里克·巴里
2010-2011	达拉斯小牛	诺维茨基	1973-1974	波士顿凯尔特人	哈夫利切克
2009-2010	洛杉矶湖人	科比	1972-1973	纽约尼克斯	威利斯·里德
2008-2009	洛杉矶湖人	科比	1971-1972	洛杉矶湖人	张伯伦
2007-2008	波士顿凯尔特人	皮尔斯	1970-1971	密尔沃基雄鹿	贾巴尔
2006-2007	圣安东尼奥马刺	托尼·帕克	1969-1970	纽约尼克斯	威利斯·里德
2005-2006	迈阿密热火	韦德	1968-1969	波士顿凯尔特人	杰里·韦斯特
2004-2005	圣安东尼奥马刺	邓肯	1967-1968	波士顿凯尔特人	\
2003-2004	底特律活塞	比卢普斯	1966-1967	费城76人	\
2002-2003	圣安东尼奥马刺	邓肯	1965-1966	波士顿凯尔特人	\
2001-2002	洛杉矶湖人	奥尼尔	1964-1965	波士顿凯尔特人	\
2000-2001	洛杉矶湖人	奥尼尔	1963-1964	波士顿凯尔特人	\
1999-2000	洛杉矶湖人	奥尼尔	1962-1963	波士顿凯尔特人	\
1998-1999	圣安东尼奥马刺	邓肯	1961-1962	波士顿凯尔特人	\
1997-1998	芝加哥公牛	乔丹	1960-1961	波士顿凯尔特人	\
1996-1997	芝加哥公牛	乔丹	1959-1960	波士顿凯尔特人	\
1995-1996	芝加哥公牛	乔丹	1958-1959	波士顿凯尔特人	\
1994-1995	休斯敦火箭	奥拉朱旺	1957-1958	圣路易斯鹰	\
1993-1994	休斯敦火箭	奥拉朱旺	1956-1957	波士顿凯尔特人	\
1992-1993	芝加哥公牛	乔丹	1955-1956	费城勇士	\
1991-1992	芝加哥公牛	乔丹	1954-1955	锡拉丘兹民族	\
1990-1991	芝加哥公牛	乔丹	1953-1954	明尼阿波利斯湖人	\
1989-1990	底特律活塞	伊塞亚·托马斯	1952-1953	明尼阿波利斯湖人	\
1988-1989	底特律活塞	乔·杜马斯	1951-1952	明尼阿波利斯湖人	\
1987-1988	洛杉矶湖人	詹姆斯·沃西	1950-1951	罗彻斯特皇家	\
1986-1987	洛杉矶湖人	埃尔文·约翰逊	1949-1950	明尼阿波利斯湖人	\
1985-1986	波士顿凯尔特人	拉里·伯德	1948-1949	明尼阿波利斯湖人	\
1984-1985	洛杉矶湖人	贾巴尔	1947-1948	巴尔的摩子弹	\
1983-1984	波士顿凯尔特人	拉里·伯德	1946-1947	费城勇士	\

常规赛MVP

　　2006-2007赛季，诺维茨基力压纳什、科比、邓肯、詹姆斯等人，获得常规赛最有价值球员（MVP），他成为NBA历史上第一个在欧洲出生的MVP。

　　本赛季常规赛，小牛队豪取67场胜利，高居联盟第一，诺维茨基场均24.6分8.9个篮板3.4次助攻，常规赛命中率高达50.2%。遗憾的是，季后赛首轮联盟第一的小牛队意外遭到西部第八的金州勇士队淘汰，这也成为诺维茨基生涯的黑暗时刻之一。

历届常规赛MVP

赛季	球队	球员
2019-2020	密尔沃基雄鹿	阿德托昆博
2018-2019	密尔沃基雄鹿	阿德托昆博
2017-2018	休斯敦火箭	哈登
2016-2017	俄克拉荷马城雷霆	威斯布鲁克
2015-2016	金州勇士	库里
2014-2015	金州勇士	库里
2013-2014	俄克拉荷马城雷霆	杜兰特
2012-2013	迈阿密热火	詹姆斯
2011-2012	迈阿密热火	詹姆斯
2010-2011	芝加哥公牛	罗斯
2009-2010	克利夫兰骑士	詹姆斯
2008-2009	克利夫兰骑士	詹姆斯
2007-2008	洛杉矶湖人	科比
2006-2007	达拉斯小牛	诺维茨基
2005-2006	菲尼克斯太阳	纳什
2004-2005	菲尼克斯太阳	纳什
2003-2004	明尼苏达森林狼	加内特
2002-2003	圣安东尼奥马刺	邓肯
2001-2002	圣安东尼奥马刺	邓肯
2000-2001	费城76人	艾弗森
1999-2000	洛杉矶湖人	奥尼尔
1998-1999	犹他爵士	卡尔·马龙
1997-1998	芝加哥公牛	乔丹
1996-1997	犹他爵士	卡尔·马龙
1995-1996	芝加哥公牛	乔丹
1994-1995	圣安东尼奥马刺	大卫·罗宾逊
1993-1994	休斯敦火箭	奥拉朱旺
1992-1993	菲尼克斯太阳	巴克利
1991-1992	芝加哥公牛	乔丹
1990-1991	芝加哥公牛	乔丹
1989-1990	洛杉矶湖人	埃尔文·约翰逊
1988-1989	洛杉矶湖人	埃尔文·约翰逊
1987-1988	芝加哥公牛	乔丹
1986-1987	洛杉矶湖人	埃尔文·约翰逊
1985-1986	波士顿凯尔特人	拉里·伯德
1984-1985	波士顿凯尔特人	拉里·伯德
1983-1984	波士顿凯尔特人	拉里·伯德
1982-1983	费城76人	摩西·马龙
1981-1982	休斯敦火箭	摩西·马龙
1980-1981	费城76人	朱利叶斯·欧文
1979-1980	洛杉矶湖人	贾巴尔
1978-1979	休斯敦火箭	摩西·马龙
1977-1978	波特兰开拓者	比尔·沃尔顿
1976-1977	洛杉矶湖人	贾巴尔
1975-1976	洛杉矶湖人	贾巴尔
1974-1975	布法罗勇士	麦卡杜
1973-1974	密尔沃基雄鹿	贾巴尔
1972-1973	波士顿凯尔特人	戴夫·考恩斯
1971-1972	密尔沃基雄鹿	贾巴尔
1970-1971	密尔沃基雄鹿	卢·阿尔辛多
1969-1970	纽约尼克斯队	威利斯·里德
1968-1969	巴尔的摩子弹	韦斯·昂塞尔德
1967-1968	费城76人	张伯伦
1966-1967	费城76人	张伯伦
1965-1966	费城76人	张伯伦
1964-1965	波士顿凯尔特人	比尔·拉塞尔
1963-1964	辛辛那提皇家	奥斯卡·罗伯逊
1962-1963	波士顿凯尔特人	比尔·拉塞尔
1961-1962	波士顿凯尔特人	比尔·拉塞尔
1960-1961	波士顿凯尔特人	比尔·拉塞尔
1959-1960	费城勇士	张伯伦
1958-1959	圣路易斯老鹰	鲍勃·佩蒂特
1957-1958	波士顿凯尔特人	比尔·拉塞尔
1956-1957	波士顿凯尔特人	鲍勃·库西
1955-1956	圣路易斯老鹰	鲍勃·佩蒂特

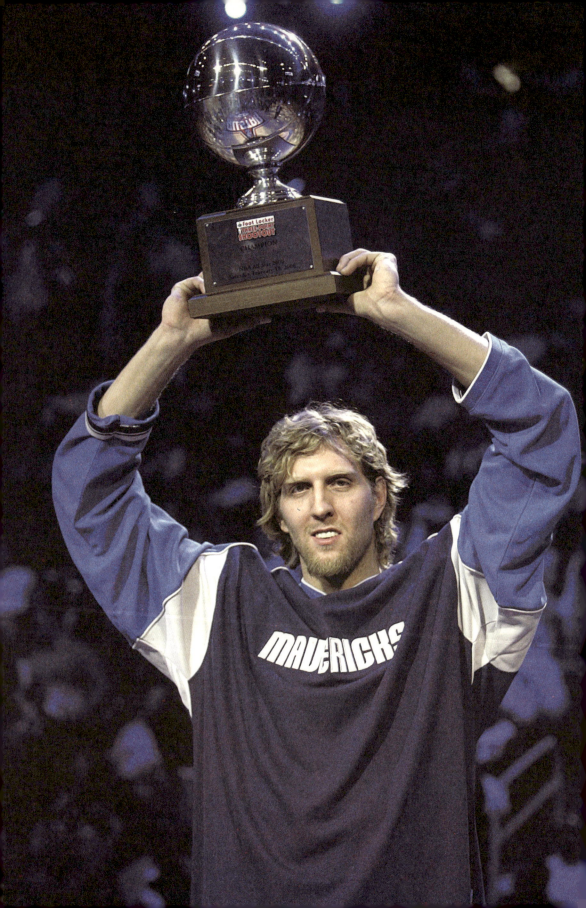

14次全明星

作为NBA历史上最伟大的球员之一，诺维茨基在其21年职业生涯中曾14次入选NBA全明星阵容，在这14次全明星之旅中，有一次尤为特别，那就是2019年全明星周末。

为表达对诺维茨基和韦德两位传奇巨星的敬意，NBA总裁亚当·肖华宣布两人将作为"特殊递补"入选2019年夏洛特全明星。亚当·肖华说道："诺维茨基和韦德都代表着NBA最棒的部分——卓越的篮球技巧、激励的性质和敬业的精神，还有为造福社区、推动篮球运动在世界范围内发展的奉献精神。"

2019年夏洛特全明星正赛第一节比赛末段，老将诺维茨基替补出场，他上场之后分别在左右两侧45度角命中超远三分，这两记超远三分瞬间点燃全场！诺维茨基接班人东契奇在社交媒体盛赞前辈：德克（诺维茨基）MVP！

全场比赛诺维茨基出场3分钟，三分线外三次出手全部命中，拿下9分，完美谢幕。此外，第三节比赛结束后，NBA联盟向诺维茨基和韦德赠送全明星纪念球衣，向两位传奇巨星致敬。

此外，2006年休斯敦全明星赛，诺维茨基力压昆廷·理查德森、雷·阿伦等三分高手，获得三分远投大赛冠军，这是达拉斯小牛队历史上第一个全明星三分远投大赛冠军。

2002 年全明星

西部首发：科比、邓肯、加内特、奥尼尔、弗朗西斯

西部替补：佩顿、诺维茨基、斯托亚科维奇、斯泽比亚克、纳什、韦伯

顶替名单：布兰德

受伤：奥尼尔、卡尔·马龙（无球员顶替）

2003 年全明星

西部首发：加内特、科比、弗朗西斯、邓肯、姚明

西部替补：奥尼尔、诺维茨基、马里昂、佩顿、韦伯、马布里、纳什

顶替名单：斯托亚科维奇

受伤：韦伯

2004 年全明星

西部首发：科比、姚明、邓肯、弗朗西斯、加内特

西部替补：奥尼尔、雷·阿伦、布拉德·米勒、斯托亚科维奇、卡塞尔、诺维茨基、基里连科

2005 年全明星

西部首发：科比、姚明、邓肯、加内特、麦迪

西部替补：雷·阿伦、诺维茨基、马里昂、吉诺比利、斯塔德迈尔、纳什、拉沙德·刘易斯

2006 年全明星

西部首发：科比、姚明、邓肯、纳什、麦迪

西部替补：马里昂、布兰德、诺维茨基、托尼·帕克、雷·阿伦、加内特、保罗·加索尔

2007 年明星

西部首发：科比、加内特、邓肯、姚明、麦迪

西部替补：艾弗森、马里昂、托尼·帕克、诺维茨基、纳什、布泽尔、斯塔德迈尔

顶替名单：奥库、约什·霍华德、安东尼、雷·阿伦

受伤：姚明、艾弗森、纳什、布泽尔

注：诺维茨基顶替姚明首发出战

2008 年全明星

西部首发：安东尼、艾弗森、姚明、邓肯、科比

西部替补：罗伊、斯塔德迈尔、保罗、布泽尔、诺维茨基、纳什、大卫·韦斯特

2009 年全明星

西部首发：科比、斯塔德迈尔、保罗、邓肯、姚明

西部替补：奥尼尔、罗伊、帕克、保罗·加索尔、诺维茨基、大卫·韦斯特、比卢普斯

2010 年全明星

西部首发：安东尼、科比、斯塔德迈尔、纳什、邓肯

西部替补：杜兰特、德隆·威廉姆斯、保罗、保罗·加索尔、罗伊、诺维茨基、兰多夫

顶替名单：基德、卡曼、比卢普斯

受伤：科比、罗伊、保罗

注：诺维茨基顶替科比首发出战

2011 年全明星

西部首发：科比、杜兰特、保罗、安东尼、姚明

西部替补：保罗·加索尔、威斯布鲁克、格里芬、吉诺比利、诺维茨基、德隆·威廉姆斯、邓肯

顶替名单：乐福

受伤：姚明

2012 年全明星

西部首发：杜兰特、科比、格里芬、保罗、拜纳姆

西部替补：威斯布鲁克、乐福、诺维茨基、托尼·帕
克、马克·加索尔、阿尔德里奇、纳什

2014 年全明星

西部首发：科比、杜兰特、格里芬、乐福、库里

西部替补：保罗、托尼·帕克、利拉德、霍华德、
阿尔德里奇、诺维茨基、哈登

顶替名单：安东尼·戴维斯

受伤：科比

2015 年全明星

西部首发：科比、安东尼·戴维斯、库里、格里芬、

马克·加索尔、

西部替补：威斯布鲁克、哈登、保罗、杜兰特、
邓肯、阿尔德里奇、克莱·汤普森

顶替名单：考辛斯、诺维茨基、利拉德

受伤：科比、安东尼·戴维斯、格里芬

2019 年全明星

阿德托昆博队首发：阿德托昆博、保罗·乔治、
库里、恩比德、肯巴·沃克

字母哥队替补：米德尔顿、格里芬、诺维茨基、
约基奇、武切尼奇、洛瑞、奥拉
迪波

顶替名单：德安吉洛·拉塞尔

受伤：奥拉迪波

诺维茨基全明星赛数据

年份	时间	投篮	命中	出手	篮板	前场	后场	助攻	抢断	盖帽	失误	犯规	得分
2019	3	100.00%	3	3	0	0	0	0	0	0	1	0	9
2015	12	40.00%	2	5	5	2	3	0	2	0	0	0	5
2014	8	0.00%	0	2	1	0	1	0	0	0	0	0	0
2012	13	37.50%	3	8	4	2	2	1	0	0	0	1	7
2011	14	37.50%	3	8	5	0	5	1	1	1	0	0	6
2010	27	53.30%	8	15	4	0	4	2	1	0	2	2	22
2009	14	60.00%	3	5	1	0	1	1	0	0	0	0	8
2008	25	35.70%	5	14	4	1	3	2	0	0	2	0	13
2007	16	44.40%	4	9	5	2	3	2	0	0	0	0	9
2006	16	50.00%	4	8	6	3	3	0	0	0	0	2	10
2005	21	40.00%	4	10	7	3	4	4	4	3	1	1	10
2004	13	33.30%	1	3	0	0	0	1	2	0	2	0	2
2003	16	50.00%	4	8	1	0	1	1	0	0	2	1	9
2002	24	45.50%	5	11	8	2	6	3	0	0	2	1	12

12次年度最佳阵容

　　NBA年度最佳阵容是为表彰表现优异球员设置的一项荣誉，该奖项由美国和加拿大的体育记者和电视评论员投票进行评选，每组阵容为5人。投票排名最高的5人为NBA最佳阵容第一阵容，6-10名为第二阵容，11-15名为第三阵容。诺维茨基21年职业生涯12次入选NBA年度最佳阵容，包括4次最佳一阵、5次最佳二阵、3次最佳三阵。

2000-2001赛季最佳阵容第三阵

一阵：奥尼尔、邓肯、韦伯、艾弗森、基德

二阵：穆托姆博、卡特、加内特、科比、麦迪

三阵：大卫·罗宾逊、卡尔·马龙、诺维茨基、雷·阿伦、加里·佩顿

2001-2002赛季最佳阵容第二阵

一阵：奥尼尔、邓肯、麦迪、科比、基德

二阵：诺维茨基、加内特、韦伯、艾弗森、加里·佩顿

三阵：穆托姆博、小奥尼尔、本·华莱士、纳什、皮尔斯

2002-2003赛季最佳阵容第二阵

一阵：奥尼尔、邓肯、加内特、科比、麦迪

二阵：本·华莱士、诺维茨基、韦伯、艾弗森、基德

三阵：小奥尼尔、贾马尔·马什本、皮尔斯、马布里、纳什

2003-2004赛季最佳阵容第三阵

一阵：奥尼尔、邓肯、加内特、科比、基德

二阵：本·华莱士、小奥尼尔、斯托亚科维奇、卡塞尔、麦迪

三阵：姚明、慈世平、诺维茨基、拜伦·戴维斯、迈克尔·里德

2004-2005赛季最佳阵容第一阵

一阵：奥尼尔、邓肯、诺维茨基、艾弗森、纳什

二阵：斯塔德迈尔、加内特、詹姆斯、雷·阿伦、韦德

三阵：本·华莱士、马里昂、麦迪、阿里纳斯、科比

2005-2006赛季最佳阵容第一阵

一阵：奥尼尔、詹姆斯、诺维茨基、科比、纳什

二阵：本·华莱士、布兰德、邓肯、比卢普斯、韦德

三阵：姚明、安东尼、马里昂、阿里纳斯、艾弗森

2006-2007赛季最佳阵容第一阵

一阵：斯塔德迈尔、邓肯、诺维茨基、科比、纳什

二阵：姚明、波什、詹姆斯、阿里纳斯、麦迪

三阵：霍华德、安东尼、加内特、比卢普斯、韦德

2007-2008赛季最佳阵容第二阵

一阵：霍华德、加内特、詹姆斯、科比、保罗

二阵：斯塔德迈尔、邓肯、诺维茨基、纳什、德隆·威廉姆斯

三阵：姚明、布泽尔、皮尔斯、吉诺比利、麦迪

2008-2009赛季最佳阵容第一阵

一阵：霍华德、詹姆斯、诺维茨基、科比、韦德

二阵：姚明、邓肯、皮尔斯、保罗、罗伊

三阵：奥尼尔、安东尼、保罗·加索尔、比卢普斯、托尼·帕克

2009-2010赛季最佳阵容第二阵

一阵：霍华德、杜兰特、詹姆斯、科比、韦德

二阵：斯塔德迈尔、安东尼、诺维茨基、纳什、德隆·威廉姆斯

三阵：博古特、邓肯、保罗·加索尔、乔·约翰逊、罗伊

2010-2011赛季最佳阵容第二阵

一阵：霍华德、杜兰特、詹姆斯、科比、罗斯

二阵：斯塔德迈尔、保罗·加索尔、诺维茨基、韦德、威斯布鲁克

三阵：艾尔·霍福德、阿尔德里奇、兰多夫、吉诺比利、保罗

2011-2012赛季最佳阵容第三阵

一阵：霍华德、杜兰特、詹姆斯、科比、保罗

二阵：拜纳姆、格里芬、乐福、帕克、威斯布鲁克

三阵：泰森·钱德勒、安东尼、诺维茨基、朗多、韦德

33

队史第一人

　　诺维茨基效力小牛队21个赛季期间，出场1522场，共计51363分钟，出手23734次，命中11169球，其中三分球1982个，罚中7240球，贡献31450分，11489个篮板，3651次助攻，1281个盖帽，1210次抢断，此外还有2494次失误，3601次犯规，打铁12565次。

　　其中，出场次数、得分、篮板、盖帽、命中数、三分球命中数、罚球命中数、失误数、犯规次数、打铁次数均为队史第一。此外，抢断数队史第二，助攻数队史第四。

附：诺维茨基队史纪录

得分榜

德克·诺维茨基	31560
罗兰多·布莱克曼	16643
马克·阿吉雷	13930
德里克·哈珀	12597
迈克尔·芬利	12389
杰森·特里	9953
布拉德·戴维斯	7623
萨姆·帕金斯	6766
约什·霍华德	6614
简·文森特	6464

篮板榜

德克·诺维茨基	11489
詹姆斯·唐纳森	4589
萨姆·帕金斯	3767
肖恩·布拉德利	3340
迈克尔·芬利	3245
马克·阿吉雷	3244
埃里克·丹皮尔	3211
罗兰多·布莱克曼	3083
罗伊·塔普雷	2803
杰森·基德	2755

盖帽榜

德克·诺维茨基	1281
肖恩·布拉德利	1250
詹姆斯·唐纳森	615
埃里克·丹皮尔	546
科特·尼姆费斯	475
萨姆·帕金斯	444
德萨盖纳·迪奥普	347
赫伯·威廉姆斯	346
罗伊·塔普雷	329
罗伦佐·威廉姆斯	311

命中榜

德克·诺维茨基	11169
罗兰多·布莱克曼	6487
马克·阿吉雷	5441
德里克·哈珀	4899
迈克尔·芬利	4834
杰森·特里	3719
布拉德·戴维斯	2874
简·文森特	2580
萨姆·帕金斯	2540
约什·霍华德	2506

三分榜

德克·诺维茨基	1982
杰森·特里	1140
迈克尔·芬利	870
杰森·基德	778
德里克·哈珀	705
韦斯利·马修斯	616
何塞·巴里亚	593
史蒂夫·纳什	569
德文·哈里斯	430
文斯·卡特	382

罚球榜

德克·诺维茨基	7240
罗兰多·布莱克曼	3501
马克·阿吉雷	2815
德里克·哈珀	2094
迈克尔·芬利	1851
萨姆·帕金斯	1629
布拉德·戴维斯	1605
杰森·特里	1375
简·文森特	1303
约什·霍华德	1284

抢断榜

德里克·哈珀	1551
德克·诺维茨基	1210
杰森·基德	954
迈克尔·芬利	748
杰森·特里	735
布拉德·戴维斯	712
罗兰多·布莱克曼	668
德文·哈里斯	559
马克·阿吉雷	502
萨姆·帕金斯	485

助攻榜

德里克·哈珀	5111
布拉德·戴维斯	4524
杰森·基德	4211
德克·诺维茨基	3651
史蒂夫·纳什	2919
罗兰多·布莱克曼	2748
杰森·特里	2524
何塞·巴里亚	2428
迈克尔·芬利	2393
马克·阿吉雷	2163

失误榜

德克·诺维茨基	2494
德里克·哈珀	1771
马克·阿吉雷	1746
罗兰多·布莱克曼	1720
杰森·基德	1375
布拉德·戴维斯	1311
迈克尔·芬利	1206
杰森·特里	1048
史蒂夫·纳什	1020
吉姆·杰克逊	907

犯规榜

德克·诺维茨基	3601
布拉德·戴维斯	2040
德里克·哈珀	2012
马克·阿吉雷	1718
肖恩·布拉德利	1651
罗兰多·布莱克曼	1405
萨姆·帕金斯	1393
德文·哈里斯	1309
埃里克·丹皮尔	1277
杰森·特里	1205

打铁榜

德克·诺维茨基	12565
罗兰多·布莱克曼	6574
迈克尔·芬利	5996
马克·阿吉雷	5619
德里克·哈珀	5555
杰森·特里	4324
约什·霍华德	3009
杰森·基德	2898
萨姆·帕金斯	2781
简·文森特	2776

出场次数榜

德克·诺维茨基	1522
布拉德·戴维斯	883
德里克·哈珀	872
罗兰多·布莱克曼	865
何塞·巴里亚	634
迈克尔·芬利	626
杰森·特里	619
德文·哈里斯	608
肖恩·布拉德利	582
马克·阿吉雷	566

常规赛出场历史
第四

　　从1999年2月5日迎战西雅图超音速队的首场比赛开始，到2019年4月11日生涯最后一战对阵圣安东尼奥马刺队为止，诺维茨基NBA职业生涯出场1522场（首发1460场），获得 916 场胜利以及606场失利。

　　诺维茨基生涯出场数位居NBA历史第四位，仅次于帕里什（1611场）、贾巴尔（1560场）、文斯·卡特（1541场）。

NBA历史出场次数前三十

排名	球员	出场次数
1	帕里什	1611
2	贾巴尔	1560
3	卡特	1541
4	诺维茨基	1522
5	斯托克顿	1504
6	卡尔·马龙	1476
7	加内特	1462
8	摩西·马龙	1455
9	凯文·威利斯	1424
10	杰森·特里	1410
11	邓肯	1392
12	基德	1391
13	雷吉·米勒	1389
14	克里弗德·罗宾逊	1380
15	科比	1346
16	皮尔斯	1343
17	加里·佩顿	1335
18	阿蒂斯·吉尔摩尔	1329
19	贾马尔·克劳福德	1327
20	巴克·威廉姆斯	1307
21	安德烈·米勒	1304
22	埃尔文·海耶斯	1303
23	雷·阿伦	1300
24	卡尔迪维尔·琼斯	1299
25	马克·杰克逊	1296
26	詹姆斯	1287
27	费舍尔	1287
28	帕金斯	1286
29	奥克利	1282
30	A.C.格林	1278

截至2021年2月4日

华彩二十战

始于 1998-1999赛季，终于2018-2019赛季，绵延二十一载的漫长生涯，诺维茨基铸就了一个又一个经典瞬间。回顾这些让人神往的热血时刻，我们见证了诺维茨基从球员走向伟大的征程。

01 生涯首次40分

北京时间2002年1月15日，小牛队客场对阵老鹰队。诺维茨基三分出手15次投中6球，罚球13投10中，全场砍下40分11个篮板，这是诺维茨基NBA职业生涯首次单场比赛斩获40分。老鹰队当家球星杰森·特里全场23投15中砍下46分，这是他职业生涯最高得分。而两年之后两人在达拉斯相聚，携手冲击NBA总冠军。

02 双加时出战53分钟

北京时间2002年2月6日，小牛队客场挑战步行者队，诺维茨基全场出战时间高达53分钟，拿到38分17个篮板3次抢断。第二个加时的最后时刻，诺维茨基完成罚球绝杀，帮助球队以1分险胜。此外，中国球员王治郅在本场比赛中登场，他5投3中拿到9分。

03 23个篮板创纪录

北京时间2002年2月22日，小牛队主场迎战凯尔特人队，诺维茨基打出生涯纪录之夜。全场比赛，德国战车拿到了33分23个篮板8次助攻，其中23个篮板创造了诺维茨基生涯单场篮板数纪录。

本场比赛，小牛队带着7分的劣势进入末节。决胜时刻诺维茨基化身全队指挥官，单节比赛送出6次助攻，帮助小牛队轰出27-14的小高潮，最终实现逆转。

04 抢七大战巅峰国王

北京时间2003年5月18日，小牛队和国王队上演抢七大战，在这样一场"赢球或者回家"的战役中，诺维茨基爆发了。全场比赛，他20投12中，效率极高地拿到30分19个篮板。

正是凭借诺维茨基的稳定发挥，小牛队抵挡住国王队凶猛的攻势，在主场艰难地守住胜利，通过抢七大战艰难晋级。

05 53分生涯最高

北京时间2004年12月3日，诺维茨基率领小牛队主场迎战姚明和麦迪领军的火箭队。麦迪全场36投19中拿到48分，但这不足以让火箭队获得胜利。此役，诺维茨基打出生涯代表作——53分16个篮板3次抢断4个盖帽，53分创造其生涯单场得分纪录。比赛的末节他拿到13分，加时赛中更是独取10分帮助球队锁定胜局。

06 40分狂虐火箭

这场比赛可能是无数中国篮球迷的"黑暗记忆"，北京时间2005年5月8日季后赛首轮抢七大战，姚明和麦迪率领的休斯敦火箭队客场挑战达拉斯小牛队。诺维茨基14投5中，仅仅拿到14分14个篮板。然而小牛队全队发力，最终大胜火箭队40分。

这轮系列赛，小牛开局以0-2落后，形势非常不利，但诺维茨基却率队完成大逆转，以4-3的比分逆转晋级。

07 季后赛单场50分

北京时间2006年6月2日，西部决赛第五场大幕拉开，前四战2-2平分秋色的太阳队和小牛队，迎来"天王山之战"，诺维茨基打出生涯季后赛的最经典战役。

面对老队友纳什领衔的强敌，诺维茨基全场26投14中，拿到50分12个篮板，罚球18投17中、三分球6投5中。50分创造诺维茨基季后赛生涯新高，他也最终率队拿下关键胜利，为晋级总决赛打下坚实的基础。

08 生涯首次三双

北京时间2008年2月6日，小牛队主场对阵雄鹿队，诺维茨基迎来2005年状元博古特的挑战。十年前正是雄鹿选中诺维茨基，随后将其交易到达拉斯。

前三节比赛双方打得难解难分，以平局进入最后一节比赛，最终小牛队末节36-25力克雄鹿队。此役，诺维茨基17投9中，砍下29分12次助攻10个篮板，职业生涯首次取得三双。

09 加冕队史得分王

北京时间2008年3月8日，小牛队主场迎战文斯·卡特和德文·哈里斯领衔的新泽西篮网队，上半场比赛小牛队便确定了领先优势，最终小牛队111-91大胜篮网队。诺维茨基本场比赛砍下34分9个篮板，生涯总得分超过前辈罗兰多·布莱克曼的16643分，成为小牛队史得分王！

10 单节狂揽29分

北京时间2009年11月4日，在小牛队主场迎战爵士队的比赛中，诺维茨基打出生涯最为疯狂的单节表演。

此役前三节战罢，主场作战的小牛队命悬一线，他们落后对手15分，第三节单节仅得到17分，几乎崩盘。第四节诺维茨基疯狂输出，8投7中、罚球14罚全中，单节独揽29分，最终在主场完成大逆转。

11 西部决赛24罚全中

北京时间2011年5月18日，西部决赛首战小牛队主场迎战雷霆队，诺维茨基再度成为主宰比赛的那个人。

全场他几乎摧毁雷霆队的内线，单场比赛15投12中、24罚全部命中，疯狂地揽下48分6个篮板4次助攻。整个下半场他命中19记罚球，拿到27分，对手对他的内线进攻没有任何办法。最终凭借他的疯狂表现，小牛队主场惊险取胜，拿到西部决赛开门红。

12 15分逆转三巨头

北京时间2011年6月3日，小牛队客场迎战热火队，展开总决赛第二场的争夺。首战败北的小牛队，此役一度落后15分，形势岌岌可危，诺维茨基再度成为关键先生。

末节比赛诺维茨基一人贡献9分，帮助球队完成大逆转。比赛最后时刻他突破上篮完成绝杀，帮助小牛队拿到一场宝贵的客场胜利，也将双方的总比分扳成了1-1。这场关键的胜利，为此后诺维茨基阻击三巨头夺冠埋下伏笔。

13 重演乔丹高烧神迹

北京时间2011年6月7日，总决赛第四场比赛，诺维茨基病倒了，他因感冒引起发烧，高烧接近39度。总比分小牛队1-2落后，球队核心遭遇伤病，这对达拉斯来说无疑是雪上加霜！

但是，诺维茨基并不愿意放弃，他坚持带病出战。虽然诺维茨基在比赛休息时间不停地咳嗽，他仍然砍下21分11个篮板。在诺维茨基的感染下，小牛队全队众志成城，最终3分险胜热火队，拿下关键胜利！

14 圆梦总冠军

北京时间2011年6月13日，诺维茨基迎来终生铭记的日子，他率领小牛队客场挑战热火队，带着3-2的优势开启总决赛第6场的征程。只要赢球便可以拿下总冠军，完成多年以来的夙愿。

全场比赛诺维茨基的表现不算特别出色，27投9中拿到21分11个篮板，相较于总决赛前五场，无疑是较为平淡的一战。但此时的小牛队早已经是气势如虹，替补登场的杰森·特里轰下27分，他和诺维茨基构建的强大火力，帮助小牛队客场击败热火队，4-2拿下总冠军。

15 2.9秒绝杀公牛

北京时间2013年3月31日，小牛队坐镇主场迎战芝加哥公牛队，双方战斗难解难分，布泽尔、鲁尔·邓、内特·罗宾逊三人均砍下25分，虽然公牛队三将发挥神勇，但是小牛队拥有诺维茨基。全场比赛，诺维茨基狂揽35分，比赛还剩下53秒时，德国战车连砍8分，带领小牛队以100-98险胜对手。其中，在比赛还剩2.9秒时，他接到卡特传球，三分稳稳命中，杀死比赛！

16 总得分突破26000分

北京时间2014年1月30日，是诺维茨基迎来生涯里程碑的日子。他率队在主场迎战休斯敦火箭队，虽然最终小牛队2分惜败，但他的个人表现却非常突出。诺维茨基21投13中，11罚全中，全场得到38分17个篮板3次助攻。诺维茨基职业生涯的总得分突破26000分，成为NBA历史上第13位完成此壮举的球员。

17 第10000个篮板

北京时间2015年3月25日，小牛队主场以101-94战胜马刺。此役小牛队后卫蒙塔·埃利斯狂轰38分，但当时的主角却是诺维茨基。全场比赛他拿下15分13个篮板，完成生涯第10000个篮板纪录，并成为史上第一位达成27000分、10000个篮板、1000个盖帽与1000记三分的球员。这一NBA历史上前无古人的纪录，足以证明诺维茨基全面的球场影响力。

18 30000分！历史第六人

北京时间2017年3月8日，洛杉矶湖人队客场挑战达拉斯小牛队。上半场比赛他接到德文·哈里斯的传球，送上标志性的金鸡独立跳投，生涯总得分突破30000分，成为NBA漫漫历史中的第六人！

全场比赛，老当益壮的诺维茨基13投9中，拿到25分11个篮板，不仅实现了史诗级别的成就，还帮助球队最终拿下胜利。

19 主场告别战砍30分

北京时间2019年4月10日，独行侠队主场以120-109战胜太阳队。这场比赛对于达拉斯这座城市而言意义非凡，球队图腾式的人物诺维茨基迎来生涯的主场告别战。

最终，他以40岁的高龄轰下30分8个篮板，全场他的出手数高达31次，全队为他助战，让他以一个完美的姿态告别主场。本场比赛后，他便宣布该场比赛是其生涯最后一次在主场比赛。

20 "诺天王"完美谢幕

北京时间2019年4月11日，诺维茨基迎来生涯告别战。命运的安排，让他的告别战对手是圣安东尼奥马刺队，曾经是联盟巅峰对决的"牛马大战"，见证诺维茨基的传奇生涯。

此役，马刺队的老帅波波维奇号召现场所有人给诺维茨基送上欢呼。最终全场比赛诺维茨基21投8中，拿到20分10个篮板，以一个两双的数据告别了自己的职业生涯。

十大队友

●纳什（1998-1999赛季至2003-2004赛季）

1998-1999赛季诺维茨基加盟小牛队时，纳什已经在阵中，两人的队友生涯延续到2003-2004赛季。这两人一个来自德国、一个来自加拿大，异国他乡的两名球员也结下深厚的友谊。飘逸的纳什一度让诺维茨基以为，他是搞音乐而不是打篮球的。

两人曾携手冲击几个赛季，最终库班将纳什送走，诺维茨基成为球队的绝对领袖，并在2011年率队夺冠。纳什则是在太阳掀起小球潮流，连续两年拿到常规赛MVP，生涯无缘总冠军成为最大遗憾。

●迈克尔·芬利（1998-1999赛季至2004-2005赛季）

1998-1999赛季当诺维茨基初至达拉斯时，彼时他们的当家球星正是迈克尔·芬利，这两人携手纳什，成为NBA著名的"三剑客"，三人的友谊也延续了十几年。2019年，诺维茨基仍在联盟奋战，芬利还前往现场观战他的比赛，比赛结束之后昔日三剑客合影上演回忆杀，诺维茨基调侃："2002年时，我们仨能得到60+30+20。"

在短暂的合作之后，芬利加盟了圣安东尼马刺队，最终他帮助马刺队拿到总冠军，也圆了自己的冠军梦。

●约什·霍华德（2003-2004赛季至2009-2010赛季）

约什·霍华德是2006年小牛队冲击总冠军的重要成员，诺维茨基将其称为球队的"X因素"，他的得分能力突出，总能给球队带来惊喜。2006年两人险些携手夺冠，约什·霍华德被送走的次年，小牛队拿下了总冠军。尽管未能携手拿到最高荣誉，但约什·霍华德对于诺维茨基的评价非常高。

"德克是一名非常出色的领袖，他是名人堂级别的成员。"霍华德说，"他有着很强的国际影响力，我从他那里学到许多。在我去华盛顿奇才队和犹他爵士队后，他依旧很关心我，我很欣赏他所做的一切。"

●德文·哈里斯（2004-2005赛季至2007-2008赛季、2013-2014赛季至2018-2019赛季）

诺维茨基和德文·哈里斯曾经有两段合作经历，2006年他们携手杀入总决赛却铩羽而归，2007-2008赛季结束后哈里斯离开球队。2013-2014赛季两人再续前缘，哈里斯见证诺维茨基成为30000分先生的夜晚，赛后他对于诺维茨基也是赞不绝口。

哈里斯在接受采访时说道："我觉得他已经是一个传奇，他能够在篮球这条道路上走这么远，已经给我们带来了很深的影响，我们两个人都是比较喜欢玩的性格，我和诺维茨基在各方面都超级合拍。"

●杰森·特里（2004-2005赛季至2011-2012赛季）

"能跟你共同效力于一支球队8个赛季，这是我的荣幸。你的历史地位永远不会被撼动，你把每一场比赛当作是最后一场比赛来打，当你的队友没有发挥出实力时，球队需要你拿出最好的状态，你总是全力以赴。因为你，我才能拥有总冠军，谢谢。"

杰森·特里对于诺维茨基的溢美之词不言自明。两人携手8个赛季相辅相成、相得益彰，诺维茨基是球队的绝对核心，特里则是球队的一把利剑。2011年小牛队最终夺冠的总决赛第6战，特里在替补席上的爆发成为关键，两人携手成为小牛队圆梦总冠军的重要功臣。

●杰森·基德（2007-2008赛季至2011-2012赛季）

"在前往斯普林菲尔德（名人堂颁奖地点）的路上，如此为我的兄弟纳什和基德骄傲。很荣幸可以说我和这两位名人堂球员做过队友！尽管很不幸都不在他们的高光时期……"基德与纳什进入名人堂前，诺维茨基在个人社媒上如此祝贺道。

正如诺维茨基所言，他没有与巅峰基德做过队友。当他加盟小牛队时，基德已经离开，当基德归来时巅峰已过。然而好的不如合适的，尽管未能搭档巅峰基德，2011年的基德却恰好适合当年小牛队的阵容，最终两人携手捧起了奥布莱恩杯，共同完成生涯的夙愿。

●何塞·巴里亚（2006-2007赛季至2010-2011赛季、2014-2015赛季至2018-2019赛季）

"德克·诺维茨基的最后一场主场比赛，能在你身边打球是一种荣幸。这些年不会改变任何事情，谢谢你做的一切，我会想你的。"诺维茨基主场告别战前巴里亚深情感慨。

身高1米8左右的巴里亚，曾经与诺维茨基并肩作战多个赛季，并在2011年夺冠的征程中立下汗马功劳。职业生涯暮年他再度回归小牛队，携手诺维茨基。两人同为海外球员，结下了深厚的友谊，巴里亚还曾为诺维茨基被詹姆斯嘲笑打抱不平，直言后者的做法太愚蠢了。

●德隆·威廉姆斯（2015-2016赛季至2016-2017赛季）

生涯暮年的德隆·威廉姆斯，曾短暂和诺维茨基合作。两人携手奋战的时间极短，却因为合拍的性格，结下深厚的友谊。

就在2020年诺维茨基曾经将自己的大皮卡开到了泥泞的沼泽之中，彼时他第一个想起求助的就是德隆，两人在电话中相见甚欢，德隆也帮诺维茨基拖车成功。

●东契奇（2018-2019赛季）

作为达拉斯的接班人，东契奇仅与诺维茨基携手一个赛季。同样来自欧洲，同样年少成名，同样被视作达拉斯复兴的希望，这一年的交集更像是老天爷的刻意安排，让诺维茨基能够将火炬传递给东契奇。

随着诺维茨基告别赛场，东契奇成为达拉斯的领袖，率领球队不断前进甚至冲击总冠军是东契奇的目标。诺维茨基对这位小老弟也是关怀有加，无论是场上还是场下，他都不断悉心指导，给他最大限度的帮助。

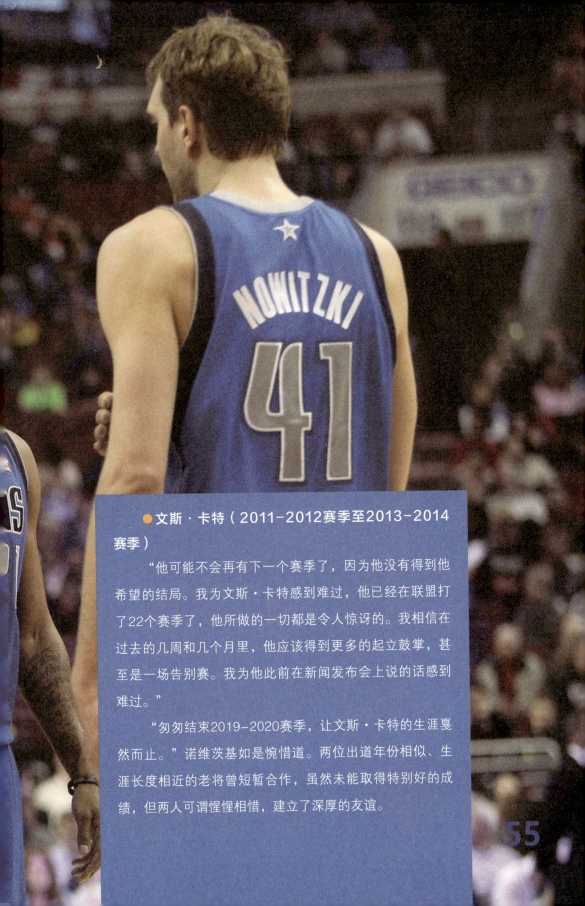

● 文斯·卡特（2011-2012赛季至2013-2014赛季）

"他可能不会再有下一个赛季了，因为他没有得到他希望的结局。我为文斯·卡特感到难过，他已经在联盟打了22个赛季了，他所做的一切都是令人惊讶的。我相信在过去的几周和几个月里，他应该得到更多的起立鼓掌，甚至是一场告别赛。我为他此前在新闻发布会上说的话感到难过。"

"匆匆结束2019-2020赛季，让文斯·卡特的生涯戛然而止。"诺维茨基如是惋惜道。两位出道年份相似、生涯长度相近的老将曾短暂合作，虽然未能取得特别好的成绩，但两人可谓惺惺相惜，建立了深厚的友谊。

55

十大对手

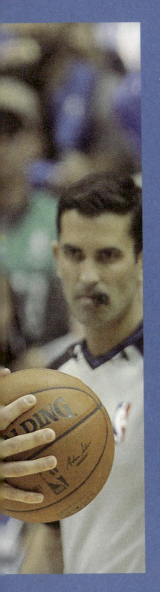

●姚明

　　姚明生涯前两次闯入季后赛，都遭到诺维茨基的阻击，两人职业生涯的交锋也从NBA赛场绵延到国际赛场。

　　2008年北京奥运会上，中国男篮在关键战中击败德国队，姚明决胜时刻制造了诺维茨基的进攻犯规，也完成对于他的"复仇"。凭借这场胜利，中国男篮涉险闯入北京奥运男篮八强。

●邓肯

　　两位历史上最伟大的大前锋，生涯的巅峰期几乎重合，数次上演的"牛马"大战以及构建的"死亡西南分区"，见证了他们传奇的生涯。

　　相较于诺维茨基，邓肯是幸运的，他在生涯初期就得到稳定强力的搭档，也早早地收获了总冠军。

●詹姆斯

　　2011年詹姆斯携手韦德、波什闯入总决赛，彼时的三巨头风头一时无两，但诺维茨基却浇灭他们的雄心壮志，让詹姆斯的第一个总冠军的时间再度推迟。

　　总决赛中，詹姆斯和韦德模仿诺维茨基咳嗽的一幕，也成为彼时争议的焦点。诺维茨基最终用球场的表现回击詹、韦二人，打出载入史册的总决赛表现。

●保罗·加索尔

保罗·加索尔与诺维茨基，两位NBA历史上伟大的外籍球员，曾经数次在NBA赛场和国际赛场迎来正面交锋。

与诺维茨基不同的是，加索尔更多的是充当"二当家"的身份，在灰熊队多年郁郁不得志之后，他转投湖人队携手科比两度拿到总冠军。

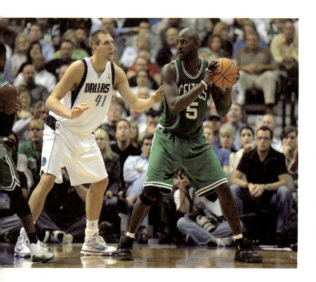

●加内特

诺维茨基似冰，加内特像火，两位历史上伟大的大前锋，有着截然不同的性格，同样在球场的影响力也不同。诺维茨基进攻能力卓群，金鸡独立更是无人出其右；加内特胜在全能，攻防两端统治力十足。

两人生涯有过多次交锋，最直接的对话发生在2002年季后赛，彼时的诺维茨基取得了完胜，他率队以3-0淘汰加内特领军的森林狼队。

●奥尼尔

诺维茨基第一次闯入总决赛，对手便是奥尼尔。彼时他率领的小牛队在2-0领先的情况下，遭遇奥尼尔和韦德领军的热火队的大逆转，以2-4输球丢掉总冠军。

生涯巅峰身处西部的奥尼尔，多次与诺维茨基交手，取得22胜13负的战绩，诺维茨基对付"大鲨鱼"确实是处在下风。

●科比

2011年诺维茨基拿到了总冠军，彼时科比便是他的背景之一——面对卫冕冠军湖人队，诺维茨基率队4-0横扫晋级，也让彼时的

科比和湖人，彻底失去争冠的机会。

生涯53次交手，诺维茨基21胜32负处在下风，两人绵延十几载的交锋，见证两位传奇的诞生。这两名对于篮球有着无尽热爱和痴狂的球员，无论场上还是场下都惺惺相惜。

●韦德

诺维茨基第一次进入总决赛，正是输给如日中天的韦德。彼时三年级的"闪电侠"用他无解的突破，率领热火队上演大逆转，给诺维茨基的生涯沉重的一击。

从哪里跌倒就从哪里爬起来，5年之后更加成熟的诺维茨基率领更加老练的小牛队，再度与韦德在总决赛相遇。彼时即便是对手坐拥三巨头，也依然难阻求胜欲望爆棚的诺维茨基。最终他率队报了5年前的一箭之仇，让韦德成为他圆梦的背景。

●斯塔德迈尔&纳什

斯塔德迈尔与纳什掀起的小球风暴，让太阳成为西部的一支顶尖强队，他们也曾与诺维茨基所在的小牛队连续在季后赛中交锋。最终面对老队友纳什以及身体素质出众的内线斯塔德迈尔，诺维茨基在2005年季后赛中以2-4遗憾败北。

2006年闯入总决赛之路中，太阳便是诺维茨基的一个注脚。彼时他率队以4-2完成了复仇，也阻击了老队友纳什的总决赛梦想。

●杜兰特

诺维茨基见证了雷霆三少不断进步和成长的历程，杜兰特和诺维茨基在季后赛中三次直接交锋，2011年的季后赛杜兰特成为诺维茨基夺冠的垫脚石，年轻的雷霆队1-4惨败在小牛队手中。

但随后的两次季后赛交手中，杜兰特都翻过诺维茨基这座大山。生涯的巅峰期并不算重合，让杜兰特和诺维茨基的交手，更像是年轻人朝着前辈的方向迈进并最终超越前辈的过程。

诺维茨基

职业生涯21年，只效力达拉斯小牛队一支球队，14次入选全明星，12次入选最佳阵容，为球队拿到队史唯一一个总冠军。诺维茨基历经三任主教练以及一位老板，并与他们结下深厚的友谊，成为NBA历史上的一段佳话。

诺维茨基历任主教练

里克·卡莱尔	2008年-2019年
埃弗里·约翰逊	2005年-2008年
唐·尼尔森	1998年-2005年

当诺维茨基宣布赛季结束后退役，老板库班已经哭成泪人儿。在诺维茨基退役的致敬仪式上，库班连说三声感谢，并承诺一定会将诺维茨基的41号球衣退役，他还宣布将在独行侠主场前为诺维茨基建造一座雕像。

在商业利益赤裸裸的今天，有多少球员因为薪资与球队闹掰，而诺维茨基与库班则成为一股清流。

2010年时，诺维茨基本可以签下一份4年9600万美元的合同，但是他为了球队补强，降薪1600万美元，只与球队签下4年8000万美元的合同。而在2014年时，为了帮助球队能够顺利签下帕森斯，诺维茨基与小牛队签下廉价的两年1630万美元合同。

1630万美元的"白菜合同"到期后，库班为38岁的诺维茨基开价两年4000万美元的合同，但是最后签下的合同竟然是两年5000万美元，让球迷大呼意外！库班给出的理由是球队还剩下1000万美元的薪资空间，没有找到合适的球员，就给诺维茨基了。而更加意外的还在后面，一年以后，诺维茨基跳出两年5000万美元的合同，与球队重新签下一份两年1000万美元的合同，直接降薪高达1500万美元。

诺维茨基生涯薪金汇总

赛季	球队	薪金
1998-1999	达拉斯小牛	147万美元
1999-2000	达拉斯小牛	158万美元
2000-2001	达拉斯小牛	169万美元
2001-2002	达拉斯小牛	216万美元
2002-2003	达拉斯小牛	1007万美元
2003-2004	达拉斯小牛	1133万美元
2004-2005	达拉斯小牛	1258万美元
2005-2006	达拉斯小牛	1384万美元
2006-2007	达拉斯小牛	1510万美元
2007-2008	达拉斯小牛	1636万美元
2008-2009	达拉斯小牛	1808万美元
2009-2010	达拉斯小牛	1980万美元
2010-2011	达拉斯小牛	1728万美元
2011-2012	达拉斯小牛	1909万美元
2012-2013	达拉斯小牛	2091万美元
2013-2014	达拉斯小牛	2272万美元
2014-2015	达拉斯小牛	797万美元
2015-2016	达拉斯小牛	833万美元
2016-2017	达拉斯小牛	2500万美元
2017-2018	达拉斯独行侠	500万美元
2018-2019	达拉斯独行侠	500万美元

巨星评价

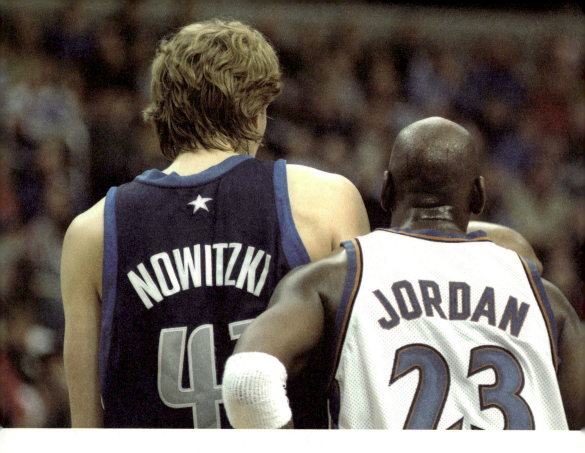

迈克尔·乔丹： 只有勒布朗·詹姆斯、科比·布莱恩特、蒂姆·邓肯、德克·诺维茨基这四个球员，能在我那个年代取得成功。

拉里·伯德： 拿德克和我相比，是我的荣幸，我一直很欣赏他。他能以自己的节奏打球，还能控制全队的进攻节奏。他还有那些高难度的投篮……很关键的一点是，有时候看上去他都要摔出去了，但他还是能把球投中。

科比·布莱恩特： 我一直知道他是个冷血动物。我不能理解人们为什么否定德克，我想可能因为他们不完全理解德克的比赛。我认为那些看过德克的比赛之后，仍然不能理解他的价值、仍然不能知道他有多优秀的人，我和他无法进行关于篮球这方面的交谈。

波波维奇： 小牛队在没有诺维茨基在场上时和在拥有健康的诺维茨基在场上时的表现，完全是两码事，那就像是黑夜和白天一样，他是历史上最伟大的球员之一。

奥尼尔： 当人们讨论伟大的大个球员，那么一切都基于他们是否能打得像诺维斯基那样。他就是未来，当我的孩子再大些时，我会让他们去看他的比赛。

卡莱尔： 德克·诺维茨基是篮球运动历史上伟大的运动员之一。诺维茨基在技术和品质上超越了很多人，他改变了大前锋这个位置在篮球运动中的定义，7英尺高的大个子都模仿他的打球方式。

詹姆斯： 诺维茨基绝对是一名非常优秀的运动员，他未来肯定能入选名人堂成员。诺维茨基有着2.13米的身高，动作却又那么灵活，身体对抗力也很强，他是唯一一位拥有这样天赋的球员。

卡特： 诺维茨基是一名伟大的球员，不论自己取得了多么大的成就，都永远把球队放在第一位。我认为这是他真正特别的地方。但他这么做也都是为了获胜，付出终有回报。我认识他这么多年，还一起战斗过，真是一件有趣的事。

巴克利： 诺维茨基一直留在小牛队，库班和唐·尼尔森一起打造了这支球队，而且赢得总冠军。相比"兄弟篮球"统治NBA，现在已经没有人再愿意像诺维茨基那样去夺冠了。

东契奇： 我也想能有诺维茨基那样的成就。我希望在职业生涯结束之后，我的名字能被铭记。我希望能打很长一段时间，诺维茨基是海内外球员的典范，他对NBA和篮球的影响是不可思议的。

生涯荣誉

诺维茨基小档案

中文名：德克·维尔纳·诺维茨基	德语：Dirk Werner Nowitzki	
绰号：诺天王、德国战车	出生地：德国维尔茨堡	
生日：1978年6月19日	身高：2.13米	体重：111千克
球队：NBA达拉斯独行侠	场上位置：大前锋	

NBA选秀：1998年第一轮第9位被雄鹿队选中

招牌技能："金鸡独立"（单脚后仰跳投）

球衣号码：41号

主要奖项：NBA总冠军、NBA总决赛MVP、NBA常规赛MVP、NBA史上第六位达成30000分
 的球员、世锦赛MVP、欧锦赛MVP、2020年劳伦斯终身成就奖等。

职务：FIBA球员委员会主席（任期2019-2023年）、联合国儿童基金会大使

爱好：读书、萨克斯、足球

生涯数据纪录

单场得分	53分	2004年12月2日对阵火箭队
投篮命中	17次	共2次
出手次数	34次	2010年2月14日对阵山猫队
三分球命中率	8次	2004年1月27日对阵超音速队
罚球	24次	2011年5月18日对阵雷霆队
进攻篮板	7个	2001年1月18日对阵魔术队
防守篮板	21个	2002年2月23日对阵国王队
篮板	23个	2002年2月21日对阵凯尔特人队
助攻	12次	2008年2月6日对阵雄鹿队
抢断	9次	2004年3月7日对阵火箭队
盖帽	7次	2006年1月6日对阵掘金队
上场时间	57分钟	2007年3月14日对阵太阳队

NBA主要荣誉

2010-2011赛季总冠军

2010-2011赛季总决赛最有价值球员

2006-2007赛季常规赛最有价值球员

14次全明星

12次最佳阵容

6次月最佳球员

15次周最佳球员

2012年 首个奈·史密斯传奇奖

2017年 NBA年度最佳队友奖

NBA纪录

NBA历史上第一个效力单一球队达21年球员（达拉斯小牛队1998-2019年）

NBA历史上第一个单赛季获得150个三分球和100个盖帽的球员（2000-2001赛季）

NBA历史上第三个场均得到26分以上且罚球命中率在90%以上的球员（2005-2006赛季）

NBA历史上第一位获得常规赛MVP的欧洲球员（2006-2007赛季）

NBA历史上第二位获得总决赛MVP的欧洲球员（2010-2011赛季）

NBA历史上第一位达成27000 分、10000个篮板、1000个盖帽与1000 个三分的球员（2014-2015赛季）

NBA历史上第六位职业生涯总得分超30000分的球员（2016-2017赛季）

NBA三分大赛冠军身高最高者（2.13米）

国家队荣誉

　　自1997年诺维茨基上演德国国家队首秀，到2016年退出国家队，他一共出场153场比赛，总得分3045分。曾带领德国队获得2002年世锦赛季军、2005年欧锦赛亚军。同时，他个人曾获得2002年世锦赛最有价值球员、世锦赛得分王、2005年欧锦赛最有价值球员等荣誉。

　　2015年9月9日，在欧锦赛德国队对阵土耳其的比赛中，诺维茨基砍下15分，从而超越希腊球星尼克·加利斯，排名欧锦赛历史得分榜第二位。

　　2016年1月25日，诺维茨基宣布退出德国国家队。

诺维茨基国家队战绩

		得分	篮板	助攻
2015年欧锦赛	第18名	13.8	7.8	1.6
2011年欧锦赛	第9名	19.5	6.6	1.4
2008年奥运会	第10名	17	8.4	0.6
2008年奥运会资格赛	第2名	26.6	8.2	2.6
2007年欧锦赛	第5名	24	8.7	1.6
2006年世锦赛	第8名	23.2	9.2	2.8
2006年斯坦科维奇杯	亚军	18	11	1.7
2005年欧锦赛	亚军	26.1	10.6	1.7
2005年欧锦赛预选赛	小组第2名	23.6	11.6	2.2
2003年欧锦赛	第9名	22.5	6.2	1
2002年世锦赛	季军	24	8.2	2.7
2001年欧锦赛	第4名	28.7	9.1	1.9
1999年欧锦赛	第7名	15.2	3.4	1.8
1999年欧锦赛预选赛	第7名	13.7	4	0.3
1997年欧锦赛预选赛	第12名	0	0	0
平均数据		19.7	7.5	1.6

诺维茨基青年队战绩

		得分	篮板	助攻
1998年U22欧锦赛	第7名	18	7.2	0.5
1998年U22欧锦赛资格赛	第7名	7.2	2.2	1.4
1996年欧青赛	第8名	18.6	6.3	1.7
1996年欧青赛资格赛	第8名	15	5.3	1.3
平均数据		14.7	5.3	1.2

场外荣誉

2020年劳伦斯世界体育奖终身成就奖

2019年德国联邦十字勋章

2011年银月桂叶奖（德国体育界最高荣誉）

2011年ESYN最佳男运动员奖

2011年德国年度最佳运动员

传承

21 年坚守、1522场常规赛、31560分、916场常规赛胜利、一个常规赛MVP、一个总决赛MVP、一个总冠军，这是诺维茨基留给达拉斯这座城市的不朽记忆，这也是一段让后人仰望的传奇故事。

达拉斯是幸运的，在诺维茨基生涯的暮年，又一位欧洲天才已经降临！卢卡·东契奇来到了达拉斯！在21年岁月中，诺维茨基为达拉斯这座城市付出了一切，41号德国战车已经"熄火"，77号达拉斯新王正在慢慢崛起，接过前辈与整个城市的期望，东契奇能否将传奇延续？